DE LA
LIBERTÉ RELIGIEUSE
EN FRANCE,

A L'OCCASION

DES FUNÉRAILLES DE TALMA,

Et sous le rapport

DES CONSÉQUENCES POLITIQUES DE CET ÉVÉNEMENT.

Par L. F. Lestrade.

NOUVELLE ÉDITION,

AUGMENTÉE

D'UN AVERTISSEMENT ET DE DÉVELOPPEMENS CONSIDÉRABLES.

PARIS,

CHEZ PILLET AINÉ, IMPRIMEUR-LIBRAIRE,

ÉDITEUR DU VOYAGE AUTOUR DU MONDE,

De la collection des Mœurs françaises, anglaises, italiennes, etc.,

RUE DES GRANDS-AUGUSTINS, N° 7.

—

1827.

AVANT-PROPOS.

La mort de Talma, telle que les libéraux nous l'ont faite, ses funérailles telles qu'ils les ont célébrées, forment un véritable événement politique, et l'un de ceux de l'époque actuelle le plus fécond en conséquences dangereuses pour la religion et pour l'état. D'un côté, il touche aux sources de l'athéisme; de l'autre, aux calculs de la révolution. L'autorité civile méconnue dans ses droits, la religion proscrite dans son culte, la charte violée dans ses dispositions, voilà ce que nous offre le drame funèbre joué le 20 octobre 1826, par le libéralisme, sur le théâtre du Père Lachaise, au bénéfice de trois existences anti-nationales, dont la France constitutionnelle, chrétienne et royaliste,

a

devrait bien, ce semble, avoir acquis le droit de n'être plus fatiguée; nous voulons dire, la révolution, le buonapartisme et l'impiété. C'est à cette trinité des enfers que le parti libéral a sacrifié sur le cercueil de Talma. La mort et le convoi de ce grand acteur, dont nous n'avons pas été les derniers à saluer la tombe par des hommages convenables (1), n'ont été que le prétexte des honneurs que l'on a décernés à sa dépouille, avec une exagération poussée jusqu'au ridicule. On a paru chérir sa mémoire de toute la haine qu'on porte à la religion. On a mesuré le faste de ses obsèques sur le mépris qu'on affecte pour l'autorité.

On a porté plus loin encore l'audace systématique, en s'attaquant à la charte elle-même. Par une déviation adultère des principes qu'elle consacre, par une méconnaissance sacrilége de l'esprit qui

(1) Voyez dans la *Gazette de France* les numéros des 1er, 7 et 15 novembre 1826.

les a dictés, on l'a dépouillée, dans la saturnale philosophique du 20 octobre, de son caractère religieux, chrétien et monarchique. Ce n'est pas tout, par l'entorse la plus violente qu'ait jamais reçue la raison des hommes, on a présenté la profession publique de l'athéïsme comme la conséquence immédiate de la liberté constitutionnelle des cultes. Non, jamais la démocratie irréligieuse de la convention elle-même ne déborda avec moins de mesure les principes conservateurs de la société. Jamais le belier du jacobinisme ne battit avec plus de furie les bases de la croyance et de la civilisation françaises. Dans l'espace de cinq jours, le libéralisme a plus broyé de matière à désorganisation, que les clubs eux-mêmes en plusieurs années. Jamais la révolution ne pénétra plus avant dans le corps social, et n'en menaça plus dangereusement l'existence.

Mais peut-être n'est-ce ici qu'un accès éphémère, qu'un ressentiment fugitif de la fièvre de 1793, un paroxysme isolé dont les suites auront disparu en même tems que les symptômes.....

Sans doute sur le terrain du libéralisme il ne pleut pas, chaque jour, des morts faites tout exprès pour ses desseins. Un trépas aussi dramatiquement disposé que celui de Talma, pour toutes les exigences du parti, est une bonne fortune dont le génie de la révolution ne se montre point prodigue même envers ses amis. On n'a pas tous les jours sous sa main un grand tragédien pour invoquer Voltaire, un catholique pour maudire les prêtres, un excommunié pour abjurer l'église. Mais qu'importe que dans la congrégation du libéralisme, dans la nouvelle société des jacobins à chapeau noir, il y ait relâche pour les enterremens; il s'agit bien moins ici du nombre des représentations funèbres, que du but de leurs ordonnateurs; moins de la fréquence des actes que du principe qui les produit; moins en quelque sorte de ce qui a été fait, que de ce que l'on se propose de faire.

Or, que dans le comité directeur des libéraux il existe le plan bien arrêté d'ériger la mort et les funérailles de Talma en un fait constitutif d'un système d'athéisme politique et social, en une sorte d'hégyre d'où daterait l'exil de l'ordre établi, en un précédent notoire bon à opposer à la religion et à l'autorité, pour se moquer de l'une et se passer de l'autre, c'est ce qui résulte avec évidence de la nature de l'événement et des aveux consignés à cet égard dans toutes les feuilles dévouées au parti. Ajoutez à cela la parodie qu'il vient tout fraîchement de nous donner à la mort de Michot (1), et vous resterez convaincu de

(1) Rien n'est plus opposé au caractère personnel de l'acteur Michot, que la bouffonnerie anti-catholique par laquelle on veut nous persuader qu'il a dénoué le drame de sa vie. Ce serait bien là, sans contredit, la moins bonne des plaisanteries dont il savait orner ses rôles. D'une humeur joviale, d'un caractère ouvert, et doué d'un talent qu'il devait presque tout entier à la nature, Michot

la résolution prise de faire mourir *à la*

ne manquait ni de fixité dans les idées, ni de rectitude dans le jugement. Il avait en outre une certaine élévation de principes qui le mettait au-dessus des préventions ordinaires de la plupart des comédiens contre la religion et contre les gens de l'église. « Chacun son métier, di-» sait-il, le nôtre est de plaire au public, celui du clergé » de l'instruire. Faisons au mieux notre devoir, et ne » nous fâchons pas. » Il y avait chez Michot beaucoup de bon sens, et par conséquent peu de fanatisme. Sa *passion pour la liberté* fut toujours décente. Admirateur de Moreau, il n'avait ni goût ni estime pour l'empereur Napoléon, qui oublia trop lestement les dîners payés par le comédien à Buonaparte, lorsque celui-ci, destitué comme terroriste après le siége de Toulon, était obligé de passer des journées entières au lit faute de linge et de culottes. Michot aimait les Bourbons ; il était royaliste ; or, l'on sait que royaliste et catholique s'accordent en général en politique presque aussi bien que le sub-stantif et l'adjectif s'accordent en grammaire. Michot n'aura donc point sali ses derniers momens par la turlu-pinade qu'on lui prête. Au reste, la conduite des dévots du libéralisme elle-même en est une sorte d'aveu. Ils ont enterré *frère* Michot, pour ainsi dire, à la sourdine, tandis qu'ils avaient mis dehors toutes leurs pompes pour *frère* Talma. D'ailleurs, l'un avait adoré le *grand homme*, l'autre s'en était moqué ; celui-là aimait son roi, celui-ci regrettait l'empereur. Aussi l'un est-il mort en odeur de sainteté libérale ; et l'autre presque en

Talma tous les membres de la famille dramatique, non sans nourrir l'espoir d'étendre la contagion aux autres rangs de la société.

En effet, lorsque passant du cothurne au brodequin, et du tyran au valet, les prédicans de l'église libérale font signer par la main *paralysée* du bouffon le formulaire dressé au nom du tragédien, leur prosélytisme découvre lui-même toute l'étendue de leur plan. Qu'aujourd'hui, que demain, la mort s'avise de frapper une notabilité libérale, voire même une existence académique, nous verrons sans nulle faute le formulaire d'abjuration sauter de la coulisse au fauteuil, et nous procurer le scandale d'une nouvelle parade anti-chrétienne.

Tout cela sans contredit est fort grotesque dans la forme, nous en convenons; mais, au fond, tout cela devient grave et

réprouvé. Le libéralisme, plus intolérant que l'inquisition, ne pardonne ni dans ce monde ni dans l'autre.

sérieux. La révolution, très-souvent ridicule, ne fut jamais plaisante. Ses bouffonneries étaient des arrêts de mort, ses gaîtés des proscriptions : elle jouait sur des échafauds. Fils de si bonne mère, le libéralisme en a bien quelque chose. La gaucherie de ses allures n'ôte rien à la noirceur de ses projets, et son intérêt souffre rarement de ses inconvenances. D'une folie, il fait un événement; d'une parade il tire des principes d'opposition et de révolte. Pour être burlesque, il n'en est donc pas moins dangereux. Lors même qu'il provoque nos sifflets, il n'en est pas moins digne d'exciter nos craintes.

C'est ainsi qu'à travers les disparates qui ont fait du convoi de Talma une caricature digne du pinceau de Callot, la démocratie anti-chrétienne est parvenue à produire le scandale le plus affligeant pour la religion, et le plus dangereux pour l'état. Ce jour-là, on ne saurait se le dissimuler, l'athéïsme a fait brèche au sanctuaire, et la démocratie à la charte. Ce jour-là, il a été publié par acclamations, à quelques pas seulement du trône d'un monarque constitutionnel et d'un prince chrétien, que *la religion de l'état et l'autorité publique seraient désormais repoussées, comme des étrangères*, des actes les plus solennels de la cité. Le fait a eu lieu sans obstacle ; le principe a été proclamé sans contradiction. Calculez les conséquences !

Travaillée dans le sens du libéralisme, la charte ne serait plus qu'un chaos pour les lois qui en émanent, un instrument de ruine pour elle-même. Insignifiante dans ses principes, inerte dans ses dispositions, nulle dans ses influences, elle laisserait établir l'athéïsme à l'ombre de la liberté des cultes, et la démocratie sociale en présence du pouvoir monarchique. Elle périrait bientôt, si l'on peut s'exprimer ainsi, par un suicide de principes, et tomberait confondue dans l'abîme de l'anarchie avec les débris du trône et de l'autel.

C'est là que nous conduit évidemment le libéralisme, par la force irrésistible des choses, à l'insu même, et contre les bonnes intentions d'une foule d'hommes honnêtes et de bons Français qu'il compte dans ses rangs. C'est vers ce but qu'il a dirigé sa marche triomphale dans la procession funèbre du 20 octobre dernier ; c'est vers ce but qu'il s'apprête à la continuer, en suivant la chaîne des conséquences pratiques qu'il va tirer de cet événement, dans lequel il a mis à nu, et la nature de ses principes, et l'effrayante perspective de ses desseins.

C'est pour en arrêter le cours, en exposant les maux qui en seraient le résultat, et les erreurs qui en forment la source, que nous avons repris la plume. Du cercueil de Talma, nous nous sommes lancés au sommet de notre édifice social et politique. De l'abrégé des détails de sa mort et de ses funérailles, qui ne sont que l'occasion de notre ouvrage, notre pensée s'est élevée aux points les plus importans de nos institutions nationales. Nous sommes remontés aux sources premières et jusqu'ici non explorées de notre établissement religieux, sous le rapport trop peu connu des droits qui s'y rattachent et des devoirs qu'il impose. Pour la première fois, la pensée créatrice de l'auteur de la charte aura été soumise à l'épreuve d'une anatomie spéciale qu'elle n'avait point encore subie dans les dispositions importantes où il institue (1) la cité religieuse. Nous l'avouerons à la gloire de ce monarque dont la sagesse ira grandissant de jour en jour dans la perspective des siècles, nous avons été frappés nous-mêmes de tout ce que son génie y a mis de prévoyance, de mesure, d'harmonie et de force d'institution. Nous avons admiré l'art profond avec lequel, graduant sa pensée

.(1) Articles 5, 6 et 7 de la charte.

en raison des différentes positions sociales sur lesquelles il devait agir, Louis XVIII a renfermé en sept lignes la substance des combinaisons les plus importantes de la législation des peuples ; et comment, en quelques mots, il a écarté les obstacles, prévenu les chocs, posé les limites, fixé les droits, réglé les devoirs, et pourvu aux besoins corrélatifs du pouvoir et de la liberté, des individualités et des masses.

Il en est résulté pour nous cette démonstration finale, qu'autant par la pensée du fondateur de la charte que par le sens naturel de ses dispositions ;

LA LÉGISLATION EN FRANCE EST CONSTITUTIONNELLEMENT RELIGIEUSE, CHRÉTIENNE ET CATHOLIQUE.

On aperçoit d'avance les reflets de ces principes sur l'événement qui nous fournit le texte de cet écrit. C'est en se remettant avec nous sur les traces du char funèbre de Talma, que nos lecteurs pourront en découvrir toute l'importance.

LIBERTÉ RELIGIEUSE

EN FRANCE,

à l'occasion des Funérailles

DE TALMA,

ET SOUS LE RAPPORT DES CONSÉQUENCES POLITIQUES DE CET ÉVÉNEMENT.

QUAND Roscius mourut à Rome, la cité tout entière ne fut point émue; le Colisée, le Cirque ne furent point fermés. Les parens, les amis de l'acteur, se couvrirent d'un deuil modeste. Quelques hommes instruits, quelques habitués des théâtres, par amour de l'art dont il leur avait révélé les secrets et fait goûter les charmes, l'accompagnèrent jusqu'à son dernier asile. Ediles turbulens, tribuns improvisés, ces parens, ces amis, ces amateurs ne convoquèrent point par des cédules insolites, et dans des formes contraires aux usages reçus, des masses de citoyens, au convoi du grand acteur, pour faire un tumulte d'un enterrement, pour transformer la plus triste des cérémonies en un spectacle scénique, pour parodier la douleur, en jouant la comédie au bord de sa fosse. Honoré par des regrets sincères, mais sans faste, tels qu'ils convenaient à l'état de Roscius, son cercueil traversa paisiblement les rues de Rome. On n'aperçut à sa suite ni toge sénatoriale, ni *pallium* académique. On aurait cru faire insulte à la majesté du pouvoir, blesser l'urbanité romaine, que de promener sans autorisation du magistrat, dans une cérémonie particulière, les insignes consacrés par l'état à des fonctions publiques. Les arts pleurèrent Roscius ; mais Rome, toujours grave dans ses mœurs, sage dans ses coutumes, admirable surtout dans son tact pour les convenances sociales, ne permit point qu'on décernât à un comédien les honneurs extraordinaires réservés à ses héros. Rome savait distinguer le grand homme du grand comédien. Dans la confusion adultère de ces deux idées, les censeurs auraient vu une faute à reprendre, et le peuple un ridicule à siffler.

Le talent de Roscius était prodigieux, son

caractère facile , son commerce doux , sa conversation attachante , sa personne , en général , fort estimable , mais sa profession était
réputée *infâme*. Ainsi l'avait prononcé la loi
des mœurs aux jours purs de la république ;
ainsi la loi le redisait encore au jour de sa cor-
ruption. Les lauriers de Paul Emile se seraient
flétris à l'air du théâtre , et Caton , lui-même ,
en chaussant le cothurne , aurait vu au même
instant sa considération se changer en oppro-
bre. Cicéron pouvait honorer Roscius de son
amitié , Catulus le flatter par ses éloges , Sylla
l'admettre dans sa familiarité , les magistrats
eux-mêmes l'enrichir par leur munificence ;
la loi , plus forte que l'amitié , la protection
et la faveur ; l'opinion publique , non moins
puissante que la loi , repoussaient Roscius de la
cité , et lui fermaient l'entrée des comices.

L'infamie *légale* l'arrêtait aussi sur le seuil des
temples ; mais aux approches de la mort, on ne
nous dit point que la religion ait été écartée de
ses pensées. On n'imagina point de mettre dans
sa bouche mourante le nom du poète Lucrèce,
chantre de l'athéisme. Roscius put , sans obstacle
s'entretenir des dieux dont il avait proclamé si
souvent la puissance au théâtre. Des amis im-
prudens ou perfides ne *filèrent* point les der-

nières scènes de sa vie pour le faire arriver, avec l'imprévoyance machinale de la brute, à ce moment terrible, où, par le brisement de ses chaînes mortelles, l'ame entre seule avec ses œuvres dans les gouffres de l'Eternité. Roscius sut qu'il allait mourir. Il l'apprit avec calme, il s'y résigna sans efforts. Il mourut comme doit mourir tout honnête homme, sans renier les Dieux de la patrie, et la religion put prononcer sur lui le touchant adieu dont elle saluait à Rome la dépouille des morts.

Tel à peu près, sans doute, mais sous les inspirations d'une religion plus consolante et plus pure, s'offrirait le tableau que nous aurions à tracer aujourd'hui de la mort du Roscius français ; telles, sous d'autres noms et dans un ordre de sentimens et de pensées ennobli et sanctifié par l'Evangile, se trouveraient écrites d'avance l'histoire des derniers momens de notre grand acteur et celle de ses funérailles, si le prosélytisme infernal des libéraux du jour n'était venu s'interposer entre le moribond et le pontife, entre l'archevêque de Paris, qui faisait instance pour arriver jusqu'à Talma, et Talma lui-même, qui témoignait le désir de recevoir l'archevêque.

Que, de la part de certains hommes, senti-

nelles assidues et vigilantes du prosélytisme libéral et révolutionnaire auprès de la couche
de Talma, il y ait eu obsession pour rendre
vaines les démarches apostoliques de M. de
Quélen ; qu'il ait été établi, contre les efforts
de son zèle, une ligne de répulsion plus soi-
gneusement gardée que ne le fut jamais cor-
don sanitaire contre la peste ; qu'on ait d'a-
bord laissé ignorer à Talma les trois premières visites du prélat ; qu'on ait ensuite
tenu cachées à celui-ci, aussi long-tems qu'on
l'a pu, les dispositions de Talma à son égard,
dispositions si bienveillantes pour sa personne, et, par cela même, si propres à préparer les succès de son ministère ; que le pasteur n'ait été averti de l'heureuse situation de
volonté de son ouaille, que par les soins
d'un homme public, autorisé d'abord par la
famille du malade, et depuis, démenti par
elle ; que les mensonges les moins déliés, les
subterfuges les plus évidens aient été mis en
œuvre, pour lasser, s'il eût été possible, la
charité du pontife en désespérant son zèle, afin
de donner à la mort le tems d'arriver avant la
religion au chevet de Talma ; quaprès avoir
formé ses barricades contre le ministre de
Dieu, le libéralisme ait mis sa main de fer sur

la victime ; que par une gentillesse dont on rit au théâtre , mais que la loi punit des galères , l'on se soit permis , en variant un peu le rôle de Crispin dans le *Légataire* , de faire dire à Talma ce qu'il n'a point dit , par l'excellente raison qu'il n'a pu le dire ; qu'on ait fait parler , vers *neuf heures du matin* , un homme dont on nous affirme que *la parole était glacée depuis cinq heures* ; qu'on ait représenté Talma , s'occupant avec détails , devant plusieurs personnes, de la cérémonie de son convoi, et manifestant sa volonté suprême d'aller au cimetière sans passer par l'église , lorsque d'avance on s'était tué à nous dire que jamais Talma n'avait connu le danger de son état , et que , bien loin de tourner un seul instant ses regards vers la mort, il n'était rempli que d'idées riantes de rétablissement et de nouveaux succès, alors même qu'on s'était armé de ces illusions constantes de son esprit, pour justifier les obstacles mis à la réception de l'archevêque ; qu'au risque du salut de Talma dans l'autre monde , et de sa véritable considération dans celui-ci , on ait voulu faire de l'agonie de ce grand acteur un trophée à la philosophie , et de ses funérailles , l'occasion d'un double outrage à la religion et aux lois ; qu'enfin , sous l'apparence fastueuse d'hommages dérisoires rendus à sa cendre, l'on se soit efforcé de convertir ses obsèques en une cérémonie d'adorations envers Buonaparte, et d'éloges séditieux en l'honneur de la révolution... c'est ce qu'on ne saurait plus révoquer en doute ; c'est ce qu'on ne pourrait nier dans le parti libéral, sans se donner le démenti le plus formel ; c'est ce que nous avons établi nous-mêmes par corps de preuves irrécusables (1), en présentant les faits tels que les brochures et les journaux, les moins suspects en cette matière, nous les ont fournis, tels enfin que, copiés par nous sur les pupîtres du libéralisme, il ne saurait plus les désavouer sans se déclarer coupable d'imposture et de mauvaise foi.

C'est en vain que par l'impuissance de nier les faits, on a cherché à les dénaturer dans quelques-unes de leurs circonstances. Les dénégations tardives et décousues de M. Amédée Talma n'ont pu tenir contre l'explication catégorique de M. Dupuytren (2). La conduite

(1) Voyez dans les numéros de la *Gazette de France*, des 1, 7 et 15 novembre 1826, les trois articles intitulés, *sur Talma.*

(2) Voyez la lettre de ce docteur dans la *Gazette*, le *Moniteur*, et autres journaux des 14 et 15 novembre.

surtout de **M.** l'archevêque de **Paris**, autour de laquelle on a rôdé avec tout le manége des insinuations hypocrites, est sortie pure des nuages dont on aurait voulu l'obscurcir.

Accompagnée des suffrages des gens de bien de tous les partis, cette conduite de **M.** de Quélen ne forme point, au reste, une exception aux règles suivies, en tout tems, par le clergé de France à l'égard des comédiens. Elle est encore moins, ainsi qu'on a affecté de le dire (1), un triomphe remporté par la philosophie, sur ce qu'on appelle l'intolérance théologique. En laissant tomber l'anathême sur la profession des acteurs, la religion garde toujours la charité envers leurs personnes. Lors donc qu'un pontife, faisant taire les prérogatives du rang devant les conseils de la piété, et cachant le pair de France sous les traits du pasteur, est allé frapper avec instance à la porte d'un comédien, on a eu tort de regarder la chose comme étrangère à l'esprit de l'Eglise. Si **M.** de Quélen n'avait tiré de son propre cœur l'inspiration de ses démarches, il en eût trouvé les motifs dans ses devoirs. En cherchant à détourner de dessus la tête d'un acteur mourant les dangers

(1) Voyez les feuilles libérales du 15 novembre et jours suivans.

d'une exhérédation spirituelle, la pieuse instance de l'archevêque n'est au fond qu'un nouvel hommage rendu par son zèle aux motifs qui ont consacré ce point de discipline ecclésiastique, motifs qui, jugés sans prévention, en justifient la rigueur aux yeux de quiconque veut prendre la peine d'en étudier la source

En effet, comme gardienne des mœurs publiques, dont la religion et l'état lui ont à la fois confié le dépôt, pourquoi l'église de France n'aurait-elle pas pu faire en leur faveur, sous la loi de l'Evangile, ce que le sénat romain avait pratiqué lui-même sous le joug du paganisme? Quoi! une assemblée où siégeaient les Scipion, les Caton, les Brutus, aurait elle-même noté d'infamie la profession de comédien, et l'on blâmerait un concile composé de successeurs des apôtres de l'avoir frappée d'anathême? Les disciples de Jésus devaient-ils donc se montrer plus indulgens que les sectateurs de Jupiter envers une profession qui tend à amollir les mœurs par les séductions réunies des sens et de l'esprit?

Trop bien motivée par les souillures de notre ancien théâtre, l'excommunication devait donc être maintenue aussi long-tems que subsisteraient les vices et les désordres qui l'ont rendue nécessaire. Du reste, la même autorité qui a eu la sagesse de la maintenir , demeure toujours investie du pouvoir de la lever ou de la suspendre , lorsque la morale du théâtre et la conduite des acteurs permettraient au public de ne plus refuser son estime à une profession si voisine d'ailleurs de la gloire nationale , par l'éclat qu'elle répand sur les chefs-d'œuvre de notre littérature, et qui, par là même , se trouve liée aux besoins actuels de notre civilisation.

Sous ce point de vue qui intéresse toutes les tribus dramatiques , il est peut-être à regretter que le libéralisme , toujours insocial et souvent maladroit, se soit ici présenté comme une barrière entre la charité du pontife et la bonne volonté de l'acteur. Sans doute , d'après l'organisation hiérarchique de l'église , à laquelle les philosophes eux-mêmes n'ont pu refuser leur admiration, un changement de discipline dans des points consacrés, comme l'excommunication des comédiens, par l'usage général des diocèses , ne saurait dépendre de la volonté personnelle d'un ou de plusieurs évêques, et c'est à l'autorité synodale , qui a porté ou confirmé la loi, qu'appartient le droit de la modifier et de l'abolir. Mais la soumission pieuse de Talma aurait-elle été entièrement perdue sous ce rapport? Sa mort chrétienne n'aurait-elle préparé pour un prochain avenir rien de favorable à la réhabilitation religieuse d'un état ennobli par ses talens? N'aurait-elle pas ajouté aux autres considérations tirées de la bonne renommée dont jouissent à juste titre un grand nombre de ses confrères de la capitale et des provinces?

Ce ne sont ici, on le sent bien, que de simples doutes; néanmoins si rien d'irrespectueux vers l'église de France, église illustre entre toutes celles de la chrétienté, n'entre dans nos réflexions, elles sont trop douces aux amis de la religion et des arts, pour ne pas en faire la confidence au public, et pour ne pas éprouver un redoublement d'indignation contre les artisans des manœuvres qui, du moins pour un tems, ont fait évanouir l'espoir qui s'y rattache.

Mais d'avance il était écrit au livre des conjurations libérales que le zèle du prélat serait perdu pour l'acteur. D'avance, du sein du *comité dirigeant*, s'était élevée cette acclamation satanique : « Il est expédient que cet homme » meure en athée pour le triomphe de nos » principes. Il nous faut un grand exemple

» *d'émancipation religieuse ;* la mort et les ob-
» sèques de Talma nous le fourniront. Sous
» les yeux même d'un gouvernement monar-
» chique et religieux, nous prouverons par le
» développement régulier de nos masses, au
» ministère sacerdotal, que nous pourrons
» désormais mourir sans son assistance, et
» nous enterrer sans sa liturgie, ce qui mène
» tout droit à la faculté de naître sans son
» baptême, de grandir sans son catéchisme,
» de nous marier sans sa bénédiction, et de
» vivre enfin affranchis pour toujours des ob-
» servances de son culte, des rigueurs de sa mo-
» rale, et des importunités de sa discipline. »

En conséquence, DE PAR LES LIBÉRAUX,
Talma meurt sans prêtre et sans Dieu. Il passe,
sans le savoir, des mains des philosophes qui
arrangent sa mort dans les mains du Dieu qui
va juger sa vie. En haine de la religion, ces
arrangeurs impitoyables jouent le salut de
Talma dans l'intérêt de leurs principes. Maîtres
de sa dépouille, ils en exploitent les honneurs
au profit de l'athéisme.

En relisant les discours, les brochures et
les nombreux articles de journaux (1), publiés

(1) Voyez les divers journaux de la capitale, depuis le 15
jusqu'au 24 octobre 1826.

dans cette circonstance , l'on ne peut se défen-
dre d'un double sentiment d'indignation et
d'effroi, par la naïveté factieuse avec laquelle
des hommes qui se disaient jusqu'alors chrétiens et Français , se sont faits les proclama-
teurs frénétiques d'une victoire remportée par
la démocratie sociale et par l'impiété , sur l'ordre public et la législation religieuse de leur
pays. Jamais la révolution ne s'était abandonnée
à l'indiscrétion de ses aveux avec un tel degré
d'impudence. Ce qu'elle aurait rougi de tenter
sous Robespierre , le libéralisme ne craint pas
de l'oser sous un Bourbon , en appelant l'a-
théisme à ses fêtes , en place de la religion
qu'il proscrit, de la légitimité qu'il abhorre ,
et de l'autorité qu'il baffoue.

Voyez comme il parle en maître, comme il
insulte en vainqueur. Dans son effrayante sé-
curité, il pousse le raffinement de l'outrage jusqu'au sang-froid de la modération. Tandis
qu'il annonce à ses adversaires leur impuissance et leur nullité, il veut bien descendre
des hauteurs de sa propre confiance pour ré-
genter le pouvoir souverain. Il daigne l'avertir
de ce qu'il faut qu'il fasse pour rester *pouvoir*,
et n'être point *admis à la retraite* (1).

(1) « La mort et les funérailles de Talma offrent un grand

Couronné de ses propres erreurs, et fier d'une indulgence dont il abuse, le libéralisme s'élance au sommet de la société par de là toutes les magistratures établies. Brandissant le poignard de ses doctrines, qu'il voudrait faire passer pour le sceptre de l'opinion publique, il s'écrie en souverain : « Magistrats,
» retirez-vous.... Prêtres, n'approchez pas !
» Désormais nous ne voulons ni religion qui
» nous inspire, ni autorité qui nous surveille.
» En vertu de la *liberté religieuse*, telle qu'il
» nous plaît de l'entendre, nous défendons à

» exemple des progrès de l'esprit public. Les ministres de la
» religion sont venus d'eux-mêmes offrir leur ministère au
» grand acteur, et Talma est mort en sage. Les Français savent
» maintenant que c'est d'eux seuls que dépendent les derniers
» honneurs à rendre aux morts. Ils n'ont besoin d'aucun con-
» cours étrangers. L'on peut dire que du jour de l'enterrement
» de Talma date la véritable émancipation religieuse en France;
» car ce n'est pas ici seulement la modération des amis de la
» liberté qui se fait voir, c'est l'impuissance du parti contraire,
» c'est l'assentiment de l'autorité donné sans mauvaise grâce.
» L'autorité commence à ne plus se considérer que comme
» autorité sociale; elle dépouille, par degré, *comme c'est son*
» *son devoir*, tout caractère religieux. *C'est d'ailleurs pour*
» *elle le seul moyen de rester pouvoir*. Ainsi la philosophie,
» proscrite en apparence, fait chaque jour sa tournée, et de
» marche en contre-marche elle arrive à l'affranchissement,
» au *droit de cité*. Nous pouvons être assurés que tout ce qu'on
» lui opposera de ruses et d'obstacles sera inutile, etc., etc. »
(*Extrait textuellement des feuilles libérales.*)

» la religion d'assister à nos derniers momens
» et de bénir notre cendre. En vertu du *droit*
» *de cité*, tel que nous voulons le concevoir,
» nous défendons au pouvoir civil de noùs fa-
» tiguer de la présence de ses commissaires et
» de ses troupes. C'est de nous, et de nous seuls
» que dépendent les honneurs à rendre aux
» morts. Nous vous repoussons les uns et les
» autres, comme devant rester étrangers à ce
» dernier office. »

Par la concision et la simplicité de cette formule, nous ne faisons qu'adoucir l'âpreté séditieuse du manifeste publié par les libéraux avant, pendant et après les obsèques de Talma, et dont nous avons reproduit plus haut quelques parties. Mais si ce n'est pas là secouer ouvertement la loi politique et religieuse de l'état, en jetant sur la charte un voile d'oblitération et de mépris ; si ce n'est pas là se proclamer socialement *peuple souverain*, dans une pleine indépendance de tout joug civil et religieux, qu'on nous montre dans quels termes on pourrait rédiger une abjuration plus positive de ses devoirs de chrétien et de Français, et se mettre plus officiellement en pleine révolte, tout à la fois contre les principes du droit public des nations, et contre l'ordre politique et religieux établi en France par les dispositions les plus précises de la Charte.

En effet, parmi les droits et les devoirs dont l'exercice, chez tous les peuples, constitue l'existence de la cité, on a toujours mis au premier rang la nécessité de la religion et la liberté du culte. L'une touche à la nature de l'homme par la conscience, l'autre aux intérêts du citoyen par le besoin. Ecartons à cet égard tout sophisme philosophique.

Dans l'homme moral, tel que Dieu l'a fait, le droit et le devoir se confondent avec la conscience de son individualité. C'est la société qui les distingue par les rapports nouveaux qu'elle fait naître ; c'est la loi qui les règle en fixant ces rapports. D'où il résulte que tout devoir social prend sa source dans un sentiment naturel, et qu'un droit politique quelconque suppose toujours un devoir corrélatif qui en est la source. La liberté religieuse du citoyen n'est donc et ne saurait être que le corollaire de la conscience religieuse de l'homme. Si l'homme n'était pas religieux, la liberté religieuse du citoyen, c'est-à-dire, le droit qu'il a d'exercer sa religion, serait une chimère. L'un n'a le droit d'être libre dans son culte, qu'autant que l'autre reste fidèle à l'instinct moral qui lui

prescrit une religion. D'où l'on voit claire-
ment que réclamer la liberté des cultes pour
une situation politique qui n'admettrait pas,
comme dogme civil, la nécessité d'une religion, c'est, dès le premier pas, tomber dans
l'absurde ; c'est se montrer non moins dé-
pourvu des notions les plus simples sur la nature morale de l'homme, que des élémens de
sa constitution sociale.

La liberté du culte suppose évidemment la
nécessité de la religion. La législation n'accorde l'une que parce que la société admet
l'autre. Et d'ailleurs, on doit en convenir,
rien ne ressemblerait tant à une insignifiance
ou à une mystification législative, que d'octroyer des avantages à des gens qui manque-
raient ou de volonté pour les accepter, ou de
moyens pour en jouir.

Voilà pourtant où nous pousse le libéralisme ; voilà où il se vante lui-même, non sans
quelque raison, de nous avoir déjà conduits,
par son triomphe du 20 octobre, sur la religion de l'état et sur la loi politique de France.

Considérées sous les rapports de la discipline
publique et de la liberté religieuse, la mort et
les obsèques de Talma se présentent donc
comme un des événemens politiques les plus

fâcheux de l'époque actuelle et l'un des plus féconds peut-être en conséquences prochaines contre les droits de l'église et contre les constitutions de l'état.

Que nous offre en effet cet événement sous les formes insolites dont le libéralisme l'a revêtu ? Il nous offre des masses nombreuses de citoyens agissant au milieu d'une population immense attirée par elles à ce spectacle, et réunies à la voix d'un parti, sans le concours de la religion et de l'autorité, pour une cérémonie qu'on vit de tout tems et chez tous les peuples, constamment sanctifiée par l'une et surveillée par l'autre ; pour une cérémonie où, creusant la terre pour nous faire un passage vers les cieux, la mort semble mettre la société tout entière, frappée en l'un de ses membres, dans un contact plus intime avec la divinité par ce mélange de faiblesse et de grandeur, d'abjection et de gloire, de néant et d'immortalité, dont rien ne réveille mieux l'idée, ne fait plus fortement ressortir le contraste que l'aspect d'une fosse.

Dans le cours ordinaire de la vie, Dieu disparaît trop souvent à nos yeux parmi les distractions qui nous dérobent sa pensée ; c'est dans la triste nudité du trépas, c'est dans l'isolement de la tombe qu'il nous révèle sa présence. La voix de Dieu est douce au berceau de l'homme ; elle éclate comme un tonnerre sur son cercueil. Là, Dieu se cache, pour ainsi dire, derrière la nature dont notre naissance est le triomphe ; ici, Dieu se manifeste sur les débris de notre organisation dont la mort est la ruine. Les années de la carrière la plus longue viennent se résoudre pour l'homme qui l'a parcourue dans le jour de sa mort. C'est ici le jour par excellence , et, comme dit Montaigne , le maître-jour. Or , en ce maître-jour , Dieu entre en compte avec l'homme ; il règle pour toujours avec lui l'affaire de son éternité. Que l'on ait joué les rois de la terre sur un théâtre , que l'on ait été roi soi-même sur un trône , le règlement est le même. Le livre du passé est clos à tout jamais pour le bonheur ou pour le malheur de l'homme. Le tems s'arrête, ou plutôt il disparaît , confondu pour toujours dans l'immobilité des années éternelles.

Le jour de la mort est donc, par dessus tous les autres, le jour essentiellement religieux, le jour par conséquent d'où l'on ne saurait bannir le culte que l'état rend à la divinité sans se constituer en pleine révolte contre la raison et contre la loi.

Or., lorsque dans un royaume proclamé *très-chrétien* par la voix des siècles, et déclaré, par la loi constitutionnelle, catholique, apostolique et romain, il est permis à des partis considérables de la population de réduire, de leur chef, à l'insignifiance d'une simple réunion sociale, telle qu'une fête à Tivoli ou une promenade à Longchamp, les obsèques d'un Français; lorsque, sous l'empire de la charte, aux regards des premiers pouvoirs de l'état, dans la ville où siége le gouvernement, il suffit de la volonté factieuse ou du caprice anti-chrétien d'une coterie ou d'un parti, pour dépouiller l'un des actes les plus importans de la cité de tout caractère évangélique, n'est-ce point déclarer, par le fait, que la religion a cessé d'être une partie intégrante de l'organisation publique du pays, un devoir obligatoire pour chacun de ses habitans ?

Mais du moment que la religion n'est plus un devoir, la liberté du culte cesse d'être un droit ; car, comme nous l'avons déjà démontré, ces deux idées sont corrélatives ; l'absence de l'une entraîne de rigueur la ruine de l'autre. Dans une pareille situation, accorder le droit politique d'exercer leur culte à des hommes à qui vous laissez la faculté de vous dire en face, avec toute l'apparence, et les formes de l'opinion publique : « Nous ne « voulons d'aucune religion », qu'est-ce donc autre chose, au fond, qu'une parodie des fonctions du législateur?

Dans l'exercice de ces fonctions augustes, deux choses surtout sont à éviter, parce qu'elles tendent à diminuer l'influence nécessaire du gouvernement sur l'esprit des peuples.

La première, c'est d'attendre pour leur faire des concessions le moment où, par le débordement des opinions et le cri général des intérêts, il est devenu impossible de les refuser : le bienfait reçu sans reconnaissance manque rarement alors de blesser la main qui l'a répandu sans liberté.

La seconde, c'est d'octroyer au peuple des droits dont l'objet est devenu illusoire, et dont les avantages restent pour lui au-dessous de ceux qu'il peut se procurer sans le secours de la loi. Ici, le dédain accueille la concession, et le persifflage, premier degré de la révolte, est la seule acclamation qui monte vers le trône.

En administration souveraine, cette dernière erreur est pire que la première. Quand les choses en sont là, et que les sifflets des fac-

tieux se font entendre dans le silence des gens
de bien, l'état est près de sa mort, parce qu'il
a perdu son premier principe de vie : le respect des peuples.

C'est dans ce second écueil que les libéraux
nous entraînent, en cherchant contre les intentions et les intérêts du gouvernement à faire
naître en France une situation morale, qui, met-
tant la multitude en jouissance d'un entier affranchissement de toute religion positive, finisse
par rendre caduques, sans objet, et par conséquent dérisoires, les dispositions de la charte
concernant les libertés religieuses de la France.

Certes, en consacrant ces dispositions dans
une loi constitutionnelle destinée à régir héré-
ditairement son royaume, Louis XVIII agis-
sait avec la conviction nécessaire de lier l'é-
glise à l'état et l'état à l'église. Il n'avait, il ne
pouvait, comme législateur, avoir d'autre
pensée, se proposer d'autre but que de les
fortifier l'un par l'autre, en écartant de leurs
nouveaux rapports tout ce qui pouvait affliger
l'église par une tolérance trop favorable à l'ir-
réligion, tout ce qui aurait pu blesser l'état
par des restrictions inquiétantes pour la liberté.

D'une main sage, l'auteur de la charte a
donc fait la part de tous les intérêts.

En déclarant la religion catholique, la reli=
gion de l'état (1), il a calmé les craintes de
l'église contre les attaques de l'impiété et les
séductions de l'indifférence.

Il a satisfait aux exigences de l'état en pro-
clamant la liberté des cultes (2) et en déclarant charge publique du trésor royal, sans
distinction, le traitement des ministres de
toutes les communions chrétiennes établies en
France (3).

De cet acte de législation constituante découlent comme conséquences irrésistibles,
pour la nation qui en est l'objet, et des droits
politiques et des devoirs religieux. Ils frappent
les uns et les autres, tant sur l'état dans son
existence collective, que sur chacun des Français dans leur position individuelle. En vertu
de la charte, la nation française est investie

(1) « La religion catholique, apostolique et romaine est la
religion de l'état. » (Art. 6 de la charte.)

(2) « Chacun professe sa religion avec une égale liberté, et
obtient pour son culte la même protection. » (Art. 5 de la
charte.)

(3) « Les ministres de la religion catholique, apostolique et
romaine, et ceux des autres cultes chrétiens, reçoivent seuls
des traitemens du trésor royal. » (Art. 7 de la charte.)

du droit d'avoir une religion d'état. En vertu de la même charte, chaque Français, comme membre de l'état, a la liberté de suivre son culte, et le droit de ne point être inquiété en le suivant.

Ici vient se placer de lui-même avec un nouvel éclat le principe que nous avons établi , savoir ; que les droits, en pareille thèse, ne sont que des corollaires d'obligations analogues, et que la liberté d'exercer un culte est nécessairement subordonnée au devoir de professer une religion.

Cette vérité jaillit sans effort des dispositions constitutionnelles qui nous occupent. Sous la main de Louis XVIII, leur ensemble s'offre avec les caractères bien prononcés d'une constitution tout à la fois religieuse, chrétienne, catholique et nationale , gradation admirable de pensées législatives qu'on n'a pas encore remarquées, et dont l'enchaînement met néanmoins au grand jour l'intention positive de l'auteur de la charte, et nous dévoile par conséquent le véritable sens de son œuvre.

Certes, si, lors de la restauration de notre droit public, Louis XVIII avait supposé l'athéisme établi chez la nation qu'il venait instituer, il aurait frappé lui-même d'avance son code de contre-sens, de ridicule, d'absurdité, en accordant *à chacun* de ses sujets, comme le plus précieux de leurs droits politiques, celui *de professer sa religion en toute liberté*. Quoi de plus extravagant, en effet, de la part d'un législateur, que de proclamer la liberté de toutes les religions au milieu d'un peuple qui n'en voudrait aucune? Autant vaudrait, en vérité, permettre avec appareil le plaisir de la musique aux sourds-muets, et l'exercice de la course aux paralytiques.

Il est donc bien évident que la liberté du culte établi par la charte a pour base ce fait législativement consacré, que *chacun* en France *professe une religion;* ainsi, par la nature de la concession, et par l'état social de ceux qui en sont l'objet, la loi française ne saurait être athée; donc elle est constitutivement religieuse.

De plus, elle est chrétienne, mais chrétienne exclusivement, par la ligne de démarcation qu'établit la charte entre le culte du Christ et celui de Moïse; autre remarque également négligée jusqu'ici par tous nos publicistes, quoique si frappante dans l'œuvre de Louis XVIII, quoique si honorable à sa haute sagesse. Il a senti, ce roi législateur, que pour reconstituer la religion en France, c'était peu d'en avoir écarté l'athéisme en le réduisant, par le silence de la loi, à toute l'inanité d'une existence négative, et par conséquent d'une chimère ; que c'était trop peu encore d'avoir donné un corps, une forme arrêtée à la religion, considérée comme sentiment social, en la liant aux actes d'un culte positif, si par une ségrégation notoire il n'isolait de ce culte reconnu par l'état, les religions à qui l'état n'accorde qu'une tolérance civile. De là, la distinction tranchante que la charte établit entre les cultes chrétiens, pris en général, et le culte hébraïque, le seul existant dans le royaume, parmi ceux qui en d'autres contrées repoussent encore l'évangile et la croix.

Les cultes chrétiens sont, pour ainsi dire, en France, des enfans légitimes ou reconnus, et par conséquent admis aux droits de la famille ; le culte de Moïse est un bâtard, sans titre pour y prétendre. Bien plus, par une condition voisine de la glèbe, on le force à contribuer aux charges de l'héritage, sans lui permettre d'en partager les fruits. Passible comme les autres Français de toutes les contributions nationales, le juif concourt parmi nous aux dépenses des cultes chrétiens, et néanmoins il reste seul chargé des frais de son culte. Ainsi le veut l'article 7 de la charte qui ne met au nombre des charges du trésor royal que les traitemens *des ministres des cultes chrétiens.* Or, dans un gouvernement où depuis le sceptre du monarque jusqu'au fusil du garde champêtre, toute existence publique prend place au budget, où le cachet de nationalité pour un établissement quelconque se tire de sa collocation dans les dépenses de l'état, on ne saurait voir, dans l'exception relative aux juifs, que la méconnaissance la moins équivoque de leur culte, et la proclamation la plus authentique du christianisme de la charte.

Mais ce n'était pas assez, pour son fondateur, d'avoir jeté les infidèles hors du camp des chrétiens; il fallait en bannir l'anarchie, par le classement hiérarchique des diverses communions qu'il renferme, et dont chacune est reconnue par l'état (1).

Dans toutes ces communions, *chacun,* c'est-à-dire chaque fidèle en particulier, *professe sa religion avec une égale liberté et obtient pour son culte la même protection.* A cet égard,

(1) Cela ne peut s'entendre que des religions dès long-tems et notoirement établies en France avant la promulgation de la charte, et non des sectes qui, sous une dénomination quelconque, prétendraient maintenant s'y établir à la faveur de la liberté des cultes.

point de privilége , point d'acception de personnes , point de droit d'aînesse. Enfant de la même famille chrétienne , catholique , luthérien , calviniste , chaque Français a le même droit et jouit des mêmes avantages. Mais cette égalité de droits , celle admission à leur exercice ne sont bien évidemment, d'après le texte de la charte , que des facultés privées. La sorte de démocratie religieuse qu'elle établit ne s'adresse qu'aux individualités et s'arrête aux personnes.

Prenez garde ; autre est le langage de la la charte quand elle parle de la communauté; autre, quand elle s'occupe des droits individuels de ses membres.

La charte ne dit pas : « Chaque religion » s'exerce dans l'état avec une égale liberté et » obtient pour son culte la même protection.»

Elle dit seulement : « *Chacun* exerce sa re- » ligion avec une égale liberté et obtient pour » son culte la même protection , c'est-à-dire » chaque Français est également libre et sera » également protégé dans l'exercice de son » culte. »

Qui n'aperçoit à l'œil la différence énorme de ces deux langages ? L'un attribue à chaque homme une faculté qui semble tenir au droit

naturel, l'autre consacrerait des intérêts col-
lectifs qui dérivent du droit politique. Ici, la
charte borne ses concessions à une égale distribution de liberté et de sauve-garde pour les
individus devant la loi ; là, elle constituerait
toutes les religions en une communauté par-
faite de droits et de prétentions dans leur rapport avec le gouvernement. D'un côté, la
charte ferait planer le même niveau sur toutes
les communions ; toutes seraient égales entre
elles, aucune ne serait dominante ; toutes seraient marquées d'un simple caractère social,
aucune ne pourrait revêtir un caractère politique; toutes n'offriraient que des aggrégations civiles, plus ou moins nombreuses, mais aucune
ne pourrait s'élever au rang d'une institution
d'état. De l'autre, au contraire, en attribuant
aux individualités qui composent chacune des
communions chrétiennes une part égale de protection et de liberté dans l'exercice de leur
culte, le législateur se ménage la faculté de
classer les masses dans un ordre politiquement
hiérarchique, et d'attribuer la suprématie religieuse à celle d'entre les communions chrétiennes qui, par le nombre de ses membres,
la majesté de ses souvenirs, l'antiquité de ses
traditions, le pouvoir enfin de ses influences,

domine par la possession, et par le fait, sur la presque généralité de l'empire.

Or, ce qui n'est à cet égard qu'un germe organique, qu'une simple idéalité de principes, dans l'article 5 de la charte, se développe en acte formel, en disposition constitutive, en loi souveraine, dans l'article 6 de la même charte qui déclare expressément la religion catholique, apostolique et romaine, religion de l'état.

Donc, en troisième lieu, non-seulement la loi constituante, en France, est religieuse et chrétienne ; mais elle est catholique et par conséquent obligatoire pour tous les Français, dans l'ordre des avantages qu'elle accorde et des droits qu'elle classe. Car, que serait une loi qui n'obligerait pas ?

En remontant ainsi du germe de la pensée du législateur jusqu'à son parfait développement à travers les gradations si belles, si simples, si sagement ménagées, qu'il lui fait parcourir lui-même dans l'acte souverain qui la renferme, on arrive sans effort au caractère de *nationalité* dont il a voulu marquer son institution politique.

Certes, s'il existe en France un établissement qui mérite par excellence ce titre de *national*,

c'est celui qui , devançant la monarchie française dans les Gaules , prépara son berceau ,
facilita ses conquêtes , accueillit sa gloire ,
partagea ses triomphes, adoucit ses mœurs,
épura son culte , sanctifia ses usages, réforma
ses lois, développa sa civilisation et lui ouvrit,
dans la route des siècles , les plus brillantes
destinées dont il ait jamais été donné à aucun
peuple d'offrir le spectacle au monde. Qui ne
reconnaît à ces traits la loi des chrétiens, cet
évangile si beau de douceur, de grâce et de
force , comme le Dieu dont il est l'ouvrage?
Qui ne se complaît à y retrouver le christianisme avec le pouvoir de ses influences et le
charme de ses bienfaits; tel que , du pied du
Calvaire jusqu'au sommet du Vatican , il se
présente , pendant la durée des siècles , sous
les formes augustes de l'église catholique, inva-
riable dans ses dogmes , pur dans sa doctrine,
sage dans ses lois , admirable dans sa hiérar-
chie, consolant dans ses pratiques , si plein
d'attraits dans son culte , et , par là même, si
bien accommodé en toutes ses parties aux vrais
besoins de la raison , du cœur et de l'esprit de
l'homme?

Réduite par l'assemblée constituante au rang
subalterne d'une corporation civile ; effacée

par la convention du code de 1793, puis maintenue dans cet ilotisme politique par le pacte
directorial ; recrépie dans sa charpente exté-
rieure plutôt que rappelée à son institution organique par Buonaparte, ce n'est que sous
Louis XVIII que la religion catholique a re-
conquis son caractère national, en vertu de la
loi fondamentale du pays. Cette religion est
redevenue la religion nationale, et par là
même, une loi de l'état, dans la juste mesure
des concessions faites aux cultes dissidens dont
la charte accorde le libre exercice aux particuliers qui les professent.

Donc la loi constitutionnelle en France, en
ce qui regarde les cultes, est tout à la fois religieuse, chrétienne, catholique et nationale.

Ici donc plus de nuages, plus d'obscurités,
plus de sophismes. Grâce à cet exposé simple
et méthodique de l'état réel de notre législation
constitutive, il fait jour maintenant dans la
charte. Son caractère religieux, chrétien, catholique et national jaillit en traits de lumière
de ses dispositions les plus précises. Ce caractère demeure indélébile aussi long-tems que
subsistera l'acte constitutionnel qui le consacre.
En lui imprimant la sanction souveraine, la
charte l'érige en loi de l'état, et le rend obli-

gatoires pour tous les Français, dans l'ordre des droits qu'il fonde et des devoirs qu'il impose.

En vertu de ces droits, et par suite de ces devoirs, les cultes protestant et luthérien, ainsi que le culte israélite, sont reconnus par la loi, et chacun des Français qui les professent obtient pour leur exercice respectif la même protection et la même liberté.

D'où il suit que quiconque en France, homme privé ou magistrat, personne individuelle ou collective, viole cette liberté ou trouble cette protection, se rend coupable envers la loi, et doit être puni par elle.

Mais en vertu des mêmes droits, et par suite des mêmes devoirs, la religion catholique, apostolique et romaine, non-seulement jouit en France d'une liberté et d'une protection égales à celles qu'obtiennent les autres cultes; mais, en outre, elle les domine par son institution nationale; elle compte l'état lui-même au nombre de ses membres, et l'état, à son tour, la reconnaît comme une des parties intégrantes de sa constitution politique.

D'où il suit, en second lieu, que toute atteinte portée à la religion catholique, apostolique et romaine, dans sa liberté religieuse et

dans son droit national, constitue soit un délit de police de la compétence des tribunaux,
soit une criminalité politique du ressort de la
législation.

Que des missionnaires soient troublés dans
l'exercice de leur apostolat; que l'on force un
curé à recevoir dans son église la dépouille
mortelle d'un excommunié; la religion catholique est violée dans la liberté de son culte....
Il y a délit judiciaire.

Que des rassemblemens plus ou moins nombreux, formés autour du corps d'un Français
qui fut catholique, écartent toute religion de
son cercueil, et déclarent solennellement sur sa
tombe qu'ils entendent exclure pour toujours
de cet exercice du *droit de cité*, l'église et le
pouvoir; la religion catholique est blessée dans
son droit national, le pouvoir est méconnu
dans ses attributions souveraines, la charte est
violée dans ses articles constitutifs.... Il y a
crime politique.

Les troubles religieux des missions ont
trouvé des juges.

On cherche en vain un tribunal pour les vio-
lations politiques du 20 octobre.

Serait-ce donc une chose moins grave d'abjurer la religion de l'état, que d'en troubler
les cérémonies; d'attaquer un droit national,

que de manquer à des règlemens de police ; de proscrire en masse l'intervention du sacerdoce français, que de faire violence à quelques-uns de ses membres ; de rejeter tous les cultes, que d'en insulter un seul ; d'attaquer enfin ouvertement en principe, par la violation de la charte, les droits politiques et les devoirs religieux qu'elle consacre, que de s'écarter de son esprit dans quelques-unes des dispositions particulières qui en découlent ?

Dans tout gouvernement, quelle que soit sa forme, l'impunité d'un seul délit est un fléau pour la société. Quand le délit qu'on laisse impuni touche par sa nature à la constitution même du pays, et par ses conséquences à l'exercice des droits qui en émanent l'état entier en est ébranlé, soit que l'impunité procède d'une insuffisance de législation, ou d'un vice de pouvoir, soit qu'elle tienne à ces deux causes de mort prochaine pour tout gouvernement qui les renferme.

Certes, d'après l'évidence de nos démonstrations, rien de plus clair que le texte de la charte, en ce qui concerne les droits et les devoirs religieux qu'elle consacre et qu'elle impose. Rien, par conséquent, de moins douteux que la criminalité nationale dont elle frappe l'événement du 20 octobre dernier. Mais, si d'un côté par excès de circonspection, de l'autre, par audace de sophisme, on y apercevait, ou faisait semblant d'y apercevoir quelque obscurité fâcheuse ou protectrice, il faudrait se hâter d'en bannir tous les nuages, pour échapper à l'une des positions les plus fausses et les plus dangereuses où la France pût être placée. Car une législation douteuse, un pouvoir sans force, chez un peuple mobile et passionné, forment, pour un état, la situation politique et sociale la plus désolante qui se puisse imaginer. En effet, quand la lettre de la loi constitutionnelle ment à l'esprit du législateur, ou qu'elle permet du moins qu'on le méconnaisse; quand les motifs qui ont fondé la loi s'éclipsent devant les intérêts qui la combattent, il arrive alors la chose la plus triste. L'autorité chargée de l'exécution de la loi se voit également compromise et par les empiétemens qu'elle tolère et par les infractions qu'elle punit. Dans le premier cas, on baffoue le pouvoir; dans le second cas, on l'exècre. C'est encore bien pis, lorsque dans la crainte d'être débordée par ces empiétemens, ou renversée par ces infractions, l'autorité, se méfiant à la fois de sa tolérance et de ses rigueurs, s'abandonne sans système arrêté, sans plan de conduite bon ou mauvais, aux balancemens alternatifs de l'indifférence qui laisse faire et de la sévérité qui réprime. Egalement indigne alors d'avoir des amis et des ennemis, le pouvoir est réduit à tourner sans noblesse et sans profit dans le cercle ignoble que tracent autour de lui des flatteurs à gage qui l'endorment, et des agens corrompus qui l'égarent. Flétri par la bassesse des uns autant que compromis par la perfidie des autres, le gouvernement qui s'est laissé amener jusque là, n'est déjà plus, aux regards de l'opinion publique, qu'une masure délabrée à laquelle les honnêtes gens dédaignent de prêter appui, et dont la canaille politique détache chaque jour quelque pierre pour la lancer contre les pouvoirs même que la constitution du pays avait voulu placer hors de toute atteinte.

Ceci n'est point une hypothèse idéologique. La bascule,

« Puisqu'il faut l'appeler par son nom, »

n'est point par malheur une chimère dans l'histoire des gouvernemens. La France elle-même n'en a-t-elle pas éprouvé le jeu à deux époques différentes de la période trentaine qui vient de s'écouler ? A la première de ces époques, l'instrument oscillatoire paralysa la main de ses inventeurs, et débarrassa ainsi la France encore révolutionnée de la plus ignoble tyrannie ; celle du directoire.

A la seconde époque, la bascule, teinte d'un sang auguste dont elle avait, sans le vouloir, favorisé l'effusion, vint se briser contre l'indignation publique. Sa chute permit à la France royaliste d'échapper au plus inepte des ministères ; celui qui précéda l'ère administrative de 1821.

Ramener, si cela lui était possible, par de longs détours, le ministère actuel à la nécessité de reprendre ce système de déception qui tue le pouvoir par ses propres fautes, tel est, à ne pas en douter, le plan des libéraux. Pour y travailler, ils ont besoin d'abord d'en imposer sur leur faiblesse intrinsèque et relative, en s'offrant avec les dehors effrayans d'un parti déjà trop fort pour ne pas être admis à des ménagemens politiques proportionnés à sa prétendue consistance. De là cette attention perpétuelle à infiltrer l'esprit révolutionnaire dans tous les joints de la charte, à le faire pénétrer peu à peu dans ses élémens organiques. De là, leur tendance à amaigrir cette charte dans sa partie aristocratique, pour en absorber les forces vitales au profit de ses dispositions populaires. De là, ces commentaires vraiment curieux au moyen desquels les Escobars du libéralisme vous montrent sans rire la faculté de professer l'athéisme, consacrée tout justement par l'article 5 de l'acte constitutionnel, qui regarde l'exercice de la religion comme un devoir public sur lequel repose la liberté du culte. De là, ce cynisme de déraison, qui voudrait ériger en *droit de cité* le prétendu privilége dont jouirait tout rassemblement de citoyens formé autour d'une bière, de repousser de leur réunion la surveillance de l'autorité civile, comme devant être considérée, ainsi que la religion, entièrement étrangère à cette sorte d'actes publies. De là, enfin, tant de prestesse et d'habileté pour saisir les événemens propres à réduire ces principes en faits notoires, afin d'en former des préalables, qui, paralysant de plus en plus l'action de l'autorité, finiraient par la rendre complice des envahissemens de la démocratie, et permettraient au libéralisme de faire de la révolution à l'ombre même de la charte, comme nous-mêmes, avant et après le 18 fructidor, nous faisions du royalisme en invoquant la constitution de l'an III.

On sait ce qu'il en advint. Malgré ses coups d'état et ses déportations révolutionnaires, malgré les influences de la victoire rappelée par Masséna sous ses drapeaux, il fallut bien que le directoire tombât. Il semblait marcher encore, ce pauvre directoire, et il était déjà mort par les vices d'une constitution qui laissait faire, contre lui, tout ce qu'il fallait pour le tuer. Le sabre de Buonaparte ne fit, à cet égard, que devancer ce que, sans lui et mieux que lui, allait opérer l'opinion publique, lasse du double fardeau d'une constitution inepte, et d'un gouvernement sans énergie.

Or, ce qui arriva alors, arriverait encore, s'il était vrai, comme le disent hautement les libéraux, que la charte n'est qu'une planche jetée par la philosophie sur la vacance de l'empire pour faire passer la France de la monarchie à la république ; s'il était vrai, comme ils l'assurent d'après l'essai qu'ils en ont fait dans l'affaire de Talma, qu'il leur suffit d'invoquer la charte pour en éluder les dispositions les plus importantes, en les tournant contre elle en instrumens de ruine ; s'il était vrai enfin, comme tout nous porte à le croire, qu'armés du succès funèbre obtenu sans contradiction dans les funérailles de Talma, ils veulent en faire un point de départ et d'appui, pour leur plan, bien connu par leurs aveux même, de décatholiciser la France, en opposant cet événement à l'autorité publique comme un précédent d'autant moins récusable, qu'elle l'aurait consacré par sa conduite.

Ah ! si dans la conscience de son état actuel, si daus les prévisions de son avenir, la France chrétienne et monarchique ne trouvait rien de rassurant contre ces jactances du libéralisme, c'en serait fait de la charte et du gouvernement dont elle est à la fois la règle et l'appui. Pour nous alors, seraient bien près de renaître des jours mauvais, et plus mauvais encore que ceux dont le souvenir seul est une calamité française. Nous n'avons eu qu'une révolution passionnée, nous subirions une ré-révolution systématique. La différence est énorme, le résultat serait horrible.

La première fut, en quelque sorte, une bataille; on y vit des partis luttant contre des partis. La seconde serait un massacre; on n'y verrait que des bourréaux égorgeant des victimes. La première, par la fureur même de ses emportemens, laissa échapper un grand nombre de ses ennemis; la seconde tiendrait froidement, par *doit* et *avoir*, son nouveau livre de proscriptions, et ne ferait pas erreur d'un seul proscrit. La première se noya en quelque sorte dans son propre sang, la seconde ne se ferait pas une égratignure; sans se compromettre elle épongerait chaque jour avec propreté les traces de ses crimes.

Mais contre ces épouvantables destinées, vers lesquelles, par la nature des principes et

la force irrésistible des choses, nous pousse
chaque jour le parti libéral sans mettre dans le
secret la foule de ses adeptes, ne reste-t-il donc
à la France aucun moyen de résistance et de
salut ?

Au contraire, elle possède encore, dans toute
leur intégrité, ces ressources puissantes qui
sauvent les empires par l'emploi régulier de la
force légale. Tant qu'un pays constitutionnellement organisé voit debout devant lui ses
institutions politiques, civiles, militaires et
religieuses, rien n'est perdu ni pour l'autorité,
ni pour le peuple. Appuyé sur ses institutions, fort par le seul fait de son existence,
plus fort encore du droit de sa légitimité,
le gouvernement dont l'action se manifeste au
peuple par l'autorité des lois, la seule au monde
qui puisse être absolue sans devenir oppres-
sive, le gouvernement, disons-nous, ne saurait
trouver des obstacles sérieux à ses mesures de
conservation ou de réforme. Armé du pouvoir
de faire exécuter une bonne loi, investi de la
faculté d'en faire changer une mauvaise, un
seul de ses actes peut réparer en un moment
des années de désordres, et fermer d'avance,
pour des siècles, les plaies de l'avenir. Il ne
faut pour cela ni coups d'état, ni système
d'exception. Exécuter les lois existantes quand

elles suffisent, y suppléer par de nouvelles dispositions législatives en harmonie avec la constitution, quand elles ne suffisent pas, voilà tout
le secret du gouvernement, et la garantie in-
faillible de ses succès pour le salut de la France.

Trop fier de quelques avantages obtenus à
l'ombre d'une indulgence que l'on aurait tort,
sans doute, d'attribuer à faiblesse, et moins
encore à complicité de la part du pouvoir,
c'est donc en vain que le libéralisme se sera
consumé en efforts de tout genre, d'abord
pour miner sourdement le christianisme de la
charte, et pour l'attaquer ensuite à front dé-
couvert dans l'événement du 20 octobre. C'est
en vain que, trahi par l'explosion trop in-
discrète du sentiment exagéré de sa victoire,
il aura sonné fanfare sur les hauteurs funèbres du Mont-Louis pour proclamer, en face
de la France et de l'Europe entière, le double
triomphe de la démocratie sociale sur le pouvoir constitutionnel, et de l'athéïsme révolutionnaire sur la religion de l'état. Il n'aura tiré de ses
jactances d'autre fruit que de mettre à nu son
plan de révolutionner la France par la charte,
et d'avoir, par cela même, provoqué sur lui la
vigilance et la juste sévérité du pouvoir.

Aussi, supposons que, sans tenir compte
d'un second incident obscur et ridicule dont lui-

même il rougit, le parti libéral s'avisât d'essayer encore sur quelque notabilité sociale, voire même académique, que le trépas viendrait à frapper, une seconde représentation de la mort payénne et des funérailles révolutionnaires de Talma, alors on verrait, n'en doutons pas, l'autorité accourir et tirer de l'abus même que l'on a fait de sa longanimité, de plus puissans motifs de répression contre le retour de pareils scandales.

Alors, n'en doutons pas, rayonnant de toute la clarté dont nous les avons revêtus dans le cours de cet écrit, les articles 5, 6, et 7 de la charte indiqueraient et fourniraient à l'autorité les dispositions législatives les plus propres à rendre complet le triomphe de la constitution sur la démocratie, et celui de l'ordre public sur les empiétemens du libéralisme.

Alors on sentirait que c'est trop peu pour l'honneur de la raison publique, et pour la décence nationale, qu'il existe des articles organiques dans la charte, s'ils doivent y sommeiller éternellement comme de simples théorêmes spéculatifs ; si ces germes constitutionnels, mis en réserve par la sagesse de LOUIS XVIII, ne se résolvent pas enfin en lois administratives et d'exécution dans l'ordre et le développement des nouveaux besoins de l'état.

Alors, on resterait convaincu que rien n'étant plus mortel pour l'état moral et politique d'un peuple que les inconséquences de sa législation, on ne saurait maintenir plus longtems cette contradiction frappante, entre la charte qui déclare la religion catholique, religion de l'état, et une marche administrative qui permettrait, à de simples particuliers, de faire moins de compte de cette religion dans les actes solennels de la cité, que du moindre avis d'un commissaire de police.

Alors enfin, paraîtrait, avec les caractères d'une loi nationale, l'organisation chrétienne et catholique de la France, organisation trop long-tems attendue, et sans laquelle, néanmoins, tombant chaque jour pièce à pièce, la religion de l'état, ainsi que les cultes dissidens eux-mêmes, va, dans peu d'années, se résoudre dans l'athéisme social, dont les ravages désolent de plus en plus tous les rangs de la population française ; organisation, au reste, dont les bases sont bien simples, puisqu'elles découlent du texte même de la charte comme une induction immédiate de ses principes, et qu'on pourrait en amener le dispositif à ces trois propositions principales, savoir :

1° OBLIGER TOUS LES FRANÇAIS A RECONNAÎTRE UNE RELIGION ET A PROFESSER UN CULTE ;

2° N'ADMETTRE A LA LIBERTÉ ET A LA PRO-
TECTION LÉGALE DES CULTES, QUE LES RELI-
GIONS ACTUELLEMENT RECONNUES PAR L'ÉTAT,
TELLES QUE LES COMMUNIONS ROMAINE, LU-
THÉRIENNE, CALVINISTE, ET LA RELIGION DE
MOÏSE, A L'EXCLUSION DE TOUTE SECTE NOU-
VELLE QUI PRÉTENDRAIT S'ÉTABLIR DANS LE
ROYAUME;

3° METTRE LA RELIGION CATHOLIQUE, APOS-
TOLIQUE ET ROMAINE, EN TANT QUE RELIGION
DE L'ÉTAT, EN POSSESSION DU DROIT QUE CE TI-
TRE SUPPOSE, DE SE DONNER L'ORGANISATION
DISCIPLINAIRE QUI LUI MANQUE, EN SE CON-
FORMANT AUX SAINTS CANONS, AUX FRANCHISES
DU ROYAUME ET AUX LOIS EXISTANTES.

Ce ne peut être ici, de notre part, que l'é-
nonciation d'un simple vœu inspiré par l'a-
mour du pays, et qui ne saurait franchir les
bornes de la circonspection que la gravité de la
matière nous impose.

Mais si, dans l'absence de tous autres sentimens que ceux dont la religion, la patrie, l'a-
mour de l'ordre, le zèle pour le bonheur commun et une sorte d'idolâtrie pour notre belle
France, animent les cœurs généreux, nous
avons tracé le tableau vrai de la situation morale et religieuse des esprits, telles que sont ve-
nues l'exposer au grand jour la mort et les fu-

nérailles de **Talma** ; si nous avons incontesta-
blement établi : « que le parti libéral, par le
» ministère de ses préposés à l'agonie de cet
» acteur, a tissu avec les derniers fils de sa vie
» la fable irréligieuse qui a privé son ame des
» secours de l'église , et livré son corps aux
» pompes de l'athéïsme ; si nous avons prouvé
» qu'en écartant ainsi d'un des actes les plus
» solennels de la cité , la religion de l'état
» et l'autorité publique , le libéralisme s'est
» constitué en opposition factieuse avec la
» lettre et l'esprit de la charte ; si, enfin, nous
» avons mis hors de toute discussion qu'à la
» faveur de ce système anti-chrétien dont il
» s'acharne à multiplier les résultats, on pour-
» rait voir de jour en jour des masses de Fran-
» çais échapper à la religion , pour se perdre
» dans l'impiété révolutionnaire , au risque
» certain d'amener la ruine entière de l'état ,
» par la dissolution successive des influences
» morales qui le soutiennent , » quel homme,
nous le demandons , à l'aspect de l'avenir af-
freux qu'on prépare à la France , oserait nous
blâmer de l'expression d'un vœu que nous
croyons utile à ses vrais intérêts?

Lorsque, par le déchaînement des affections
désordonnées , violentes et corrompues qui
s'exhalent à la fois du sépulcre de sainte Hélène

et des catacombes de la Convention , nous voyons le buonapartisme , la révolution et l'im-piété jurer leur pacte infernal sur la tombe d'un acteur , et mettre en commun leurs souvenirs , leurs regrets et leurs espérances contre la reli-gion , la monarchie et la légitimité , quel cœur frappé de glace, ou gâté par l'égoïsme, pourrait maîtriser son émotion et ne pas laisser échap-per un cri d'alarme sur les dangers de la pa-trie ? Quel citoyen assez étranger à ses saintes lois pour ne pas faire entendre des conseils qui peuvent concourir à son salut?

En payant aujourd'hui à l'état et à la re-ligion ce tribut de notre zèle , nous aimons à consoler notre douleur par un doute honora-ble pour l'autorité : celui de n'avoir signalé que des dangers conjurés déjà par sa prévoyance, et d'avoir donné des conseils , rendus peut-être inutiles par la sagesse de ses mesures.

FIN.

DÉVELOPPEMENS

A LA PARTIE HISTORIQUE

DE CET ÉCRIT.

Dès le mois de mai 1826, M. l'archevêque de Paris, instruit par la voix publique de la maladie grave dont Talma était menacé, s'occupa des moyens de parvenir jusqu'à lui dans le cas où son état deviendrait plus dangereux. Le bruit du rétablissement de cet acteur et son séjour aux eaux d'Enghien, hors des limites du diocèse de Paris, laissèrent bientôt sans objet le zèle du prélat, qui, vers cette époque, alla lui-même voyager en Italie. A son retour, la rentrée de Talma dans la capitale et les progrès d'un mal que l'on commençait à croire sans ressources, durent réveiller la pieuse sollicitude de M. de Quélen. Persuadé avec tous les gens sages qu'il y allait dans cette circonstance de l'intérêt commun de la religion et de l'ordre public, l'archevê-

4

que renouvela ses démarches et n'en confia la direction qu'à lui-même. Secondé par le curé de Notre-Dame-de-Lorette, dont Talma était le paroissien, et qui d'avance s'était assuré des bonnes dispositions de quelques personnes de la famille du malade, le prélat se présenta chez lui le 10 octobre, accompagné d'un de ses grands vicaires et du curé. M. de Quélen fut reçu par la mère des enfans de Talma, et ensuite par M. Amédée Talma, son neveu. On se montra flatté de sa démarche; on promit de la faire connaître à celui qui en était l'objet; mais on écarta toujours le moment de l'entrevue, par la nécessité, disait-on, de l'y préparer graduellement, afin de prévenir le mal que pourrait lui faire une apparition trop peu ménagée.

Mêlant dans sa conduite la prudence à la charité, M. de Quélen avait différé d'un jour sa seconde visite. Il mit le même intervalle pour la troisième, qui n'eut lieu que le 14 octobre. D'un côté, c'était le langage de la charité chrétienne dans toute la pureté de ses intentions et la douceur de ses ménagemens; de l'autre, une politesse embarrassée et plus froide à chaque visite. Aux instances du prélat, on opposait tour à tour les prétextes les plus contradictoires. Tantôt c'était la faiblesse extrême du malade, que la moindre émotion pouvait rendre mortelle ; tantôt c'était un mieux dans son état, qui rendait moins pressans pour lui les secours de la religion.

Cependant le nom de l'archevêque avait à l'improviste frappé l'oreille de Talma, à travers les propos que tenaient auprès de son lit ses médecins et ses amis. Talma voulut tout savoir. Il exprima combien il était *touché des visites de monseigneur l'archevêque.* Ses dispositions relatives à l'objet de ses démarches ne durent point paraître équivoques aux assistans, puisque l'un d'eux, M. le baron Dupuytren, dont on connaît le caractère réservé, s'empressa ce jour-là même, 15 octobre, d'écrire à l'archevêque pour lui apprendre que Talma *avait manifesté le désir de le recevoir, s'il se présentait encore.* C'était le lendemain de la troisième visite de M. de Quélen. Sa charité pastorale pouvait-elle lui permettre, d'après un pareil avis, le plus petit moment de retard? Rassuré par le ton affirmatif de la lettre de M. Dupuytren, l'archevêque, qui montait en voiture pour se rendre à Conflans, suspend son départ et vole à la demeure de Talma. Mais cette fois encore il ne peut être

admis. Sollicitations, instances, prières même
tout fut en pure perte. C'est en vain que le
prélat demanda à passer la nuit sur un fauteuil
dans un appartement voisin de celui du malade, pour saisir le moment favorable au succès de son ministère ; on fut inébranlable.
C'est alors qu'empruntant la voix du bon pasteur, Mgr l'archevêque adressa à M. Amédée
Talma les paroles suivantes :

« Responsable envers Dieu du salut des ames
» qu'il m'a confiées, j'ai dû employer ici, par
» intérêt pour votre oncle, tous les moyens
» d'insistance et de persuasion. J'ai dû en venir
» jusques à la prière. Maintenant je dois vous
» tenir un autre langage. Ministre de Dieu,
» c'est en son nom et par son autorité, que je
» vous avertis du compte terrible que vous
» aurez à lui rendre des obstacles que vous
» mettez aux fonctions de mon ministère.
» Vous jouez, Monsieur, le salut de Talma,
» avec une insensibilité qui m'effraie. Au nom
» du Dieu qui vous jugera un jour, cédez à
» ma voix pour le salut de votre oncle!.....
» Vous ne répondez point ? Parlerais-je un
» langage qui vous soit inconnu ? Vous êtes
» chrétien..... Mais s'il faut, pour vous tou-
» cher, avoir recours aux idées mythologi-

» ques que ces lieux vous rendent peut-être
» plus familières, je vous dirai : Craignez les
» Euménides, si souvent invoquées par Talma,
» et qui ne sont autre chose que les remords
» de la conscience. Voyez-les vous poursuivre
» tout le tems que vous resterez sur la terre
» pour avoir privé votre oncle mourant des
» consolations religieuses, qui n'ont pour but
» que d'adoucir ses angoisses et lui rendre
» plus facile la route qui doit le conduire au
» sein de Dieu. »

Les voilà ces paroles que, dans ses journaux et dans ses pamphlets, le parti libéral a transformées en objurgations violentes, en menaces d'un coup d'autorité, en tyrannie théocratique, et presque en une violation de domicile. A ce langage vraiment pastoral, M. Amédée Talma parut un moment touché ; mais immobile et muet comme un factionnaire, il garda sa consigne, et cette dernière fois encore l'archevêque ne put pénétrer jusqu'au malade.

Dès le lendemain, 16 octobre, ce prélat en témoigna sa peine à M. le baron Dupuytren par une réponse que nous ne pouvons citer ici que de mémoire, mais dont nous sommes bien

sûrs de ne pas dénaturer le sens dans les pas-
sages suivans qui nous ont le plus frappés :

« D'après votre lettre, dit Mgr l'arche-
» vêque à M. Dupuytren, je me suis rendu
» hier chez M. Talma : j'étais plein d'espé-
» rance, je suis plein de douleur! je ne me
» décourage point pour cela. Je n'ai point
» regret à mes démarches ; je ne déplore que
» leur mauvais succès. Je vous prie, à mon
» tour, de profiter de la première occasion
» favorable, pour obtenir ce qu'on m'a re-
» fusé jusque ici, et pour me donner les
» moyens de remplir mes devoirs de pasteur
» auprès du malade. Ce n'est pas tout, je ne
» balance pas à vous prier d'unir vos efforts
» aux miens pour préparer M. Talma à faire
» ce que la religion réclame de lui dans l'état
» de danger où il se trouve. Vous puiserez
» vos motifs, Monsieur, dans vos principes,
» et, au besoin, dans un grand exemple. Et
» comment la mémoire d'un fils de France,
» réclamant lui-même sous vos yeux les der-
» niers sacremens de l'Église, ne vous four-
» nirait-elle pas quelques-unes de ces paroles
» qui frappent les nobles esprits et persuadent
» les ames généreuses ? »

Pour apprécier les circonstances qui durent rendre inutiles des vœux si dignes de la religion qui les avait inspirés, et pour mieux faire connaître l'intrigue libérale qui a fini par jeter sur Talma mourant le voile de l'athéisme, nous allons réunir les lettres écrites à cette occasion par MM. le docteur Caillard, le baron Dupuytren et Amédée Talma. Ce sont des documens que l'on pourra consulter peut-être un jour. Il n'est donc pas inutile de les rassembler ici afin qu'au besoin on sache où les prendre.

I.

Lettre de M. le docteur Caillard, insérée dans le Moniteur, *le 25 octobre* 1826.

« Monsieur,

» Dans un article du *Courrier Français* du
» 18 de ce mois, on trouve, sur le grand ac-
» teur qui vient d'être enlevé à la scène fran-
» çaise, plusieurs erreurs qu'il me paraît im-
» portant de signaler. Votre amour pour la
» vérité est pour moi une garantie assurée
» que vous voudrez bien rétablir l'exactitude
» dont très-certainement le *Courrier* ne se
» serait pas éloigné s'il avait connu les faits
» suivans :

» En assurant que M. Talma avait conservé
» des sentimens d'aigreur contre la religion
» depuis le rejet éprouvé par ses enfans à la
» distribution des prix faite par M. l'archevê-
» que à l'institution Morin, très-certainement
» le *Courrier* ignorait que ce digne prélat avait
» fait parvenir, à cette époque, à M. Talma
» un désaveu authentique et l'assurance for-
» melle qu'il était entièrement étranger à cette
» mortifiante exclusion. Cette lettre a été vue
» dans les mains de M. Talma, et des per-
» sonnes dignes de foi attestent qu'il ne par-
» lait jamais de cet événement fâcheux sans
» rendre à la tolérance du prélat toute la jus-
» tice qu'elle mérite.

» Le *Courrier* est tombé encore dans une
» erreur grave en croyant voir un excès de
» zèle dans la dernière visite faite par mon-
» seigneur l'archevêque à notre grand tragé-
» dien. Il sera, j'en suis persuadé, d'un autre
» avis, lorsqu'il saura que cette visite a été
» faite par monseigneur sur l'invitation écrite
» de M. Dupuytren, chirurgien de M. Talma,
» et d'après l'assurance formelle, donnée dans
» la même lettre, que sa grandeur serait fa-
» vorablement accueillie par le malade. Je
» vous laisse à penser, Monsieur, d'après de

» tels faits, dont l'authenticité peut être faci-
» lement vérifiée, si M. l'archevêque de Paris
» n'eût pas été accusé de manquer au plus
» sacré des devoirs, s'il eût hésité un instant
» à revenir auprès de M. Talma, et s'il n'y a
» pas quelque injustice à taxer d'*excès de zèle*,
» de *zèle amer*, l'expression du chagrin que
» ce vertueux prélat a cru devoir adresser à
» la seule personne qui constamment s'est
» présentée comme obstacle à une espérance
» aussi fondée.

    » J'ai l'honneur, etc.

      » *Signé* CAILLARD, médecin sédentaire
        » à l'Hôtel-Dieu. »

II.

Lettre de M. le baron Dupuytren au rédacteur de la Gazette de France, *le 26 octobre* 1826.

    « Monsieur,

    » On me donne à l'instant connaissance
» d'une lettre insérée au *Moniteur* du 25, sur
» les visites que M. l'archevêque de Paris a
» faites au grand acteur que la scène vient de
» perdre, et des réflexions dont un journal

» a accompagné la partie de cette lettre qui
» me concerne.

» J'avais été appelé auprès de Talma par
» l'honorable M. Biet, qui lui donnait des
» soins habituels, et par les invitations réité-
» rées des personnes qui l'entouraient; je me
» trouvai, le 15 octobre, à neuf heures du
» matin, chez le malade avec les docteurs Biet
» et Roger, ainsi qu'avec M. Amédée Talma,
» son neveu. Nous nous étions longuement
» occupés de son triste état lorsque quelqu'un
» demanda s'il était vrai que monseigneur
» l'archevêque se fût présenté jusqu'à *trois*
» *fois inutilement* pour voir Talma. Sur la ré-
» ponse affirmative de M. Amedée, je de-
» mandai si son oncle avait connaissance de
» ces visites; il fut répondu que non. En-
» core que cette conversation eût été tenue à
» voix basse, elle avait frappé l'oreille du
» malade; car, comme nous nous rappro-
» chions de son lit, il demanda, avec curio-
» sité : *Quelles sont donc les démarches qui*
» *m'ont été cachées ?* M. Amédée et moi
» nous lui apprîmes alors de quelles visites il
» avait été l'objet. Talma, élevant la voix, dit
» en propres termes : *Je suis bien reconnais-*
» *sant des marques de bienveillance que vient*

» *de me donner monseigneur l'archevêque ;*
» et il ajouta à plusieurs reprises que, dès
» qu'il se trouverait mieux, il irait le remer-
» cier. Ce sont là les seules paroles que j'aie
» entendues dans cette circonstance.

» En me retirant, je demandai à M. Amé-
» dée s'il pensait, après ce qui venait de se
» passer, que monseigneur l'archevêque se-
» rait reçu dans le cas où il se présenterait de
» nouveau ; et j'ajoutai que, devant me trou-
» ver dans la matinée à une cérémonie publi-
» que, il se pourrait que j'eusse l'avantage
» d'y rencontrer monseigneur l'archevêque ;
» que, dans ce cas, je lui ferais connaître s'il
» pourrait ou non se présenter chez Talma.
» M. Amédée dit et répéta qu'*il n'y avait pas*
» *de doute que monseigneur* serait admis, *et*
» *que je pouvais l'instruire des dispositions*
» *dans lesquelles nous avions trouvé son oncle.*

» Avant de me séparer de mes collègues,
» je demandai de nouveau à M. Amédée s'il
» trouvait toujours convenable que j'instrui-
» sisse M. l'archevêque de la conversation
» que nous venions d'avoir : *Il me répondit*
» *que oui.* N'ayant pas aperçu sa Grandeur à
» la cérémonie, j'eus l'honneur d'écrire à
» monseigneur les choses convenues.

» Lorsque le pieux prélat se fut présenté ,
» pour la quatrième fois, sans succès, j'ex-
» primai à M. A. Talma le regret que j'é-
» prouvais des suites qu'avait eues la démarche
» à laquelle j'avais été conduit. Alors, sans
» nier ses paroles, il prétendit qu'il y avait eu
» mal-entendu, et qu'il avait voulu dire seu-
» lement que, si monseigneur se présentait
» de nouveau, il serait reçu par *lui, M. Amé-*
» *dée Talma.*

» On sent que je n'avais pas de réponse à
» faire à une pareille explication , et je laisse
» au public le soin d'en apprécier la valeur.

» Telle est , Monsieur, la vérité , et je ne
» crains pas d'invoquer sur la certitude de
» mon récit le témoignage des personnes qui
» étaient présentes.

» J'ai l'honneur d'être , etc.

» *Signé*, DUPUYTREN. »

III.

Seconde lettre de M. le baron Dupuytren,
insérée au Moniteur *le 6 novembre* 1826.

« Monsieur ,

» Quelques journaux de la capitale répè-

» tent aujourd'hui, d'après une feuille des
» Pays-Bas, en date du 30 octobre, un ar-
» ticle qui paraît une réponse de M. Amédée
» Talma à la lettre que j'ai insérée dans le
» *Moniteur* du 26.

» Je ne relèverai pas les étranges expres-
» sions qu'on me prête dans cet article ; j'au-
» rais mauvaise grâce à m'offenser, lorsque
» je songe aux menaces qu'on s'est permis
» de mettre dans la bouche d'un pieux arche-
» vêque.

» Les explications de M. Amédée sur le
» fond de ma lettre mettent hors de doute
» que Talma n'a été instruit que le 15 des dé-
» marches de M. l'archevêque, et qu'il ne l'a
» été qu'après la troisième visite du prélat ;
» qu'il l'a été fortuitement ; que c'est fortui-
» tement encore que j'ai été conduit à donner
» connaissance à monseigneur de ce qui ve-
» nait de se passer, et qu'enfin je n'ai pas agi
» sans mission, lorsque j'ai écrit à l'arche-
» vêque. Les autres explications de M. Amé-
» dée ne diffèrent de mon récit qu'en ce qu'il
» prétend avoir entendu son oncle dire *non*,
» lorsqu'on lui demanda s'il recevrait les vi-
» sites que monseigneur l'archevêque pourrait
» lui faire ultérieurement. Je déclare que Tal-

» ma n'a pas dit ce *non* qu'on lui fait pro-
» noncer.

» Mais il est un point de ma lettre sur le-
» quel M. Amédée garde le silence. J'ai dit que,
» lorsque je me suis plaint de la démarche
» qu'on m'avait fait faire auprès de l'arche-
» vêque, pour lui dire qu'il serait reçu, s'il
» croyait convenable de se présenter de nou-
» veau, M. Amédée m'avait répondu qu'il avait
» entendu dire, par là, que monseigneur se-
» rait reçu par *lui, M. Amédée Talma.*

» Le silence de M. Amédée, sur ce passage
» de ma lettre, ne peut être regardé que
» comme une reconnaissance formelle de ce
» fait, et l'on sent assez que de cette recon-
» naissance résulte nécessairement la sanction
» de toutes les autres circonstances.

» J'ai l'honneur d'être, etc.,

» *Signé*, baron DUPUYTREN. »

IV.

*Lettre de M. Amédée Talma à M. le rédac-
teur du* Courrier français.

Bruxelles, 8 novembre 1826.

« Monsieur,

» Je viens de lire dans le *Moniteur* du 6 de

» ce mois une nouvelle lettre de M. le baron
» Dupuytren, et je crois qu'il est de mon de-
» voir de ne pas laisser cette lettre sans ré-
» ponse.

» Il est, en effet, hors de doute que c'est le
» 15 octobre que mon oncle a été prévenu
» des démarches de monseigneur l'arche-
» vêque. M. Dupuytren ajoute qu'il l'a été
» *fortuitement*; que c'est *fortuitement* encore
» que lui, M. Dupuytren, a été conduit à
» donner connaissance à monseigneur de ce
» qui venait de se passer ; et qu'enfin il n'a pas
» agi sans mission, quand il a écrit à l'arche-
» vêque.

» Je passe sur ce mot *fortuitement*, répété
» deux fois, si M. Dupuytren veut bien con-
» venir qu'il est des hasards que l'on fait naî-
» tre et que l'on arrange facilement en cas
» fortuits. Quant à la mission donnée à M. Du-
» puytren, j'affirme de nouveau qu'elle n'a
» été que de rendre compte à monseigneur
» l'archevêque de ce qui venait de se passer,
» et cette mission, M. Dupuytren l'avait pro-
» voquée. J'affirme encore que M. Dupuy-
» tren s'est excusé près de *moi d'avoir outre-*
» *passé sa mission*, et qu'il s'est servi pour
» cela des termes que vous avez rapportés

» dans vos numéros des 2 et 3 novembre (1). »

» Qu'importe, après cela, l'interprétation
» donnée par M. Dupuytren à la réponse que
» je lui ai faite, *que Monseigneur l'archevê-*
» *que, s'il se présentait de nouveau, serait*
» *reçu par moi, comme je l'avais fait plusieurs*
» *fois!* » Cette réponse ne voulait et ne pou-
» vait signifier autre chose, sinon que j'ac-
» cueillerais monseigneur avec le respect et la
» vénération qui lui sont dus. M. Dupuytren
» n'a pas pu s'y tromper. Les termes dont
» mon oncle s'était servi lorsqu'il eut connu
» les démarches de monseigneur, exprimaient
» toute sa reconnaissance, mais excluaient en
» même tems toute idée de recourir aux bon-
» tés pastorales de monseigneur. Mon oncle
» a parlé de son intention éventuelle de rendre
» visite à monseigneur l'archevêque, mais il
» n'a témoigné aucun désir de le recevoir
» pendant sa maladie. Toutes les volontés de

(1) On lit dans le *Courrier français* des 2 et 3 novembre un
récit des circonstances qui font la matière de cette lettre. A
la fin de ce récit, le journaliste met la phrase suivante dans
la bouche de M. Dupuytren, s'adressant à M. Amédée
Talma : « J'ai fait une école, je croyais que vous auriez eu le
» tems de disposer votre oncle à recevoir Monseigneur; je
» suis on ne peut plus fâché de ma démarche. »

» mon oncle ont été sacrées pour moi , et ce
» n'est pas ma faute si M. le baron a fait une
» *école* suivant les termes dont il s'est servi
» pour s'excuser près de moi.

» M. Dupuytren déclare que mon oncle n'a
» pas prononcé le mot *non* lorsqu'on lui de-
» manda s'il recevrait les visites que monsei-
» gneur l'archevêque pouvait lui faire ultérieu-
» rement. Je déclare à mon tour avoir entendu
» ce mot très-distinctement. Le public jugera
» entre ces deux assertions contradictoires si
» je mérite moins de confiance que M. Dupuy-
» tren. *Entendre* est d'ailleurs plus positif que
» ne *pas entendre*, et il semble plus facile de
» se tromper dans ce second cas que dans le
» premier.

» De ce que je n'avais pas parlé assez expres-
» sément, selon M. Dupuytren , des faits qui
» précèdent, il conclut que toutes les circons-
» tances de son récit sont nécessairement
» vraies. Cette logique est commode ; je sais
» qu'elle est en usage dans une certaine société
» que M. Dupuytren connaît mieux que moi,
» mais je n'ai pas l'habitude de m'en servir.
» Tout me semble clair maintenant pour le
» public, et c'est la dernière réponse que j'a-
» dresserai à M. Dupuytren. Je terminerai

» celle-ci en exprimant mes regrets de ce que
» M. le baron ait donné lieu à cette affligeante
» polémique.

» Agréez, etc.

» *Signé* AMÉDÉE TALMA, dentiste
» honoraire du roi et de la cour. »

Nous ne ferons suivre ces quatre lettres d'aucune réflexion. Pour en juger le mérite, il suffit des faits qu'elles contiennent et de ceux dont nous avons tracé le tableau. Mais ces lettres forment à leur tour un commentaire précieux du billet funèbre écrit par M. Amédée Talma, le 19 octobre, à côté du corps non encore refroidi de son oncle. Dans l'ordre chronologique, cette pièce aurait dû être mise en tête des lettres ; dans l'ordre de la discussion, elle doit venir à leur suite. Placé maintenant sous le jour qu'elles répandent sur tous les détails de l'affaire, cet étrange billet resplendit de caractères propres à démentir la source dont il fait découler la volonté qu'il exprime. Il prouve avec évidence, pour ainsi dire, *l'alibi* moral du moribond, dans l'ex-communication posthume qu'on lui fait lancer sur lui-même. Comment en effet admettre une telle détermination qui suppose à la fois une grande vigueur de tête et un endurcissement, irréligieux bien prononcé, dans un homme naturellement faible de caractère, qui, n'ayant nul éveil sur sa mort, était peu disposé à s'occuper des détails de son enterrement; d'un homme qui, loin d'être dominé par le fanatisme de l'incrédulité, venait de laisser briller un rayon de joie dans ses yeux presque éteints au seul bruit des démarches de l'archevêque, et qui enfin n'avait pas fait soupçonner la plus légère répugnance à recevoir ses visites? Ce n'est donc pas sous la dictée, ce n'est pas dans le souvenir des volontés de son oncle que M. Amédée Talma laissait courir sa plume lorsqu'il traçait pour tous les journaux les lignes suivantes :

« Talma est mort aujourd'hui à onze heu-
» res trente-cinq minutes du matin. Il a dé-
» claré (1) à plusieurs reprises (2) et en pré-

(1) *Il a déclaré?* — quand ? quel jour ? à quelle heure ? à quelle époque de sa maladie ? D'après toutes les relations contenues dans les journaux de tous les partis et reproduites avec détails dans les brochures de MM. Tissot et Moreau, la trame des derniers jours de Talma est tellement serrée qu'il est impossible d'indiquer l'intervalle d'une minute où l'on puisse intercaler cette prétendue déclaration. Donc Talma *n'a rien déclaré.*

(2) *A plusieurs reprises.* — Il est démontré que Talma n'a

» sence de plusieurs personnes (1) , qu'il
» voulait être conduit directement et sans cé-
» rémonie (2) de sa maison au champ du
» repos (3). Je vous prie, Monsieur, de vou-
» loir bien donner à cette attestation (4) con-
» forme à la dernière volonté de mon oncle (5)
» toute la publicité possible.

» *Signé*, AMÉDÉE TALMA ,
» Docteur-médecin. »

D'après des rapprochemens qui se présentent ici d'eux-mêmes, il reste bien prouvé

pu faire une pareille déclaration. Il n'a donc pas pu la
réitérer.

(1) *En présence de plusieurs personnes.* — Déclinez leur
nom. On vous en a sommé , et vous vous êtes tu.

(2) *Et sans cérémonie!* — En supposant une volonté à Talma,
il fallait au moins mettre quelque décence à la faire respec-
ter. Il ne fallait donc pas déployer toutes les pompes roman-
tiques du libéralisme pour ridiculiser le cercueil d'un homme
qui avait *déclaré vouloir* être enterré *sans cérémonie!*

(3) *Au champ du repos ,* pour dire *au cimetière du P. Lachaise.* De l'afféterie philosophique dans un billet d'enterrement !

(4) CETTE ATTESTATION ! — L'expression est curieuse. Cela
veut dire : Moi , N....., j'atteste que d'autres personnes attes-
teraient, etc. Rien assurément de plus nouveau que cette
formule.

(5) *La dernière volonté de mon oncle!* — Il fallait bien
pousser la plaisanterie jusqu'au bout.

qu'au milieu des influences dramatiques qui entouraient le lit de Talma, il s'est glissé quelque tour de comédie. Ce n'est pas seulement au théâtre qu'on la joue; mais est-il bien honnête de se permettre un pareil passe-tems aux dépens de la mémoire de celui qui en est l'objet?